JN037298

簡単！

心もカラダもきれいになる！

お寺ご飯2

神奈川県 福昌寺 副住職

飯沼康祐

徳間書店

はじめに

「十方施主　罪障消除 福寿増長」
生きとし生けるものすべての罪や災いが消え、良いことがありますように。
『斎食儀』の始まりに書かれています。

精進料理は食材に対する制限が世界で最も厳しいと言われています。
ゆえに沢山の食材を組み合わせて味を相乗していくというよりは、
限られた食材の味を引き出す料理ともいうことができるかもしれません。
そして、精進料理は和食、イタリアン、フレンチといった
料理のカテゴリーに分けられるものではなく、仏教の教えを優しく伝え、
日々をより良く生きる気付きをおいしく伝えてくれます。
前作に比べ、本書はよりシンプルで削ぎ落すレシピに努め、素材の淡味を大切にしました。

本書を通し、心を調え、頑張り過ぎずに、
季節の恵みや食べ手と真摯に向き合うことのきっかけとなればこの上ない喜びです。

飯沼康祐

目次

本書の使い方

* 計量単位は1カップ＝200㎖、大さじ1＝15㎖、小さじ1＝5㎖です。
* 砂糖は上白糖。塩は食塩を使用しています。
* 電子レンジは600Wの加熱時間。オーブントースターは1000Wを基準にしています。加熱時間はメーカーや機種によって異なりますので、様子を見て加減してください。
* しょうゆは濃口と薄口を使い分けています。
* ゴマ油は黒と白を使い分けています。
* オリーブオイルは生食にはエクストラバージンオリーブオイル、加熱用にはピュアオリーブオイルを使用しています。

第三章

とっておきのごちそう献立

第四章

今日もお粥から朝が始まる

第一章

野菜使いきり精進料理

野菜の皮や葉切れも大事な食材だと精進料理では考えます。
何かと使いきれずに処分してしまうことは実にもったいない。
ちょっとした工夫次第で、食卓を彩るコース料理にもなります。

カブ

だしも具もカブで、まさに“カブ三昧”

カブしゃぶ

しゃぶしゃぶでカブの甘みを存分に味わいます。
たれにお好みでラー油や黒コショウを加えてもおいしいです。

材料(2人分)

カブ…2個
油揚げ…1枚
だし昆布…5cm×1枚
水…2カップ程度
A
- 鍋の煮出し汁…¼カップ
- 練りごま…10g
- 濃口しょうゆ…大さじ1

作り方

1. カブは根元を残して葉を切り落とす。実は葉の根元ごと薄切りにし、両端と根はだしに使う。葉は食べやすい長さに切る。
2. 鍋に水とだし昆布、実の両端と根を入れて中火で煮る。
3. 油揚げは油抜きしてフライパンで両面を焼き、食べやすい大きさに切る。
4. Aを混ぜてたれを作る。**2**の鍋がひと煮立ちしたら煮出し汁は完成。

カブの皮はうま味の宝庫。だし昆布と一緒に水からゆっくりと煮て、甘みと香りを引き出します。

精進ポイント

仏教で「三昧」とは何かに集中する様のこと。集中できたときは支えてくれている人に感謝したいですね。

精進ポイント

アルミホイルに包むことで焦げる心配がなく安心です。知らず知らずのうちにいろんな人に守られています。

とろりと甘くなったカブに酸味のアクセント

まるごとホイル焼き 葉とオリーブの粒マスタード和え添え

蒸し焼きにしたカブはやわらかくジューシー。葉の根元を少し残すと盛りつけたときに愛らしさが増します。

材料(2人分)

カブ…2個
だし昆布…10cm
塩…少々
ブラックオリーブ…10g
A 粒マスタード…5g
　濃口しょうゆ…小さじ1
　エクストラバージンオリーブオイル…小さじ1
レモン (櫛形に切る)…2かけ

作り方

1.カブは根元を残して葉を切り落とす。

2.二重にしたアルミホイルの上に、半分に切っただし昆布をおき、その上に**1**をのせ塩をふる。アルミホイルで包みトースターで15分焼く。

3.カブの葉、ブラックオリーブは細かく刻んでボウルに入れ、Aを加えてよく混ぜる。

4.器に残りのだし昆布ごと**2**を盛り、**3**とレモンを添える。

アルミホイルに包むときにカブに塩をふるのがポイント。このちょっとの塩でカブの甘さがぐんとアップします。

濃厚なカブだしに驚く

カブ汁

その様はあたかもカブラ蒸し。
みそはあえて薄味にして、カブのやさしい味を堪能します。

材料(2人分)

カブ…2個
水…320mℓ
みそ…大さじ1

作り方

1.カブは根元がついたまま葉を切り落とし、皮をむいてすりおろす。皮は細切りに、葉は刻む。
2.鍋に水を入れてわかし、葉の根元、皮を入れてやわらかくなるまで弱火で煮る。すりおろした実を加えてひと煮立ちさせる。火を止めてみそをとく。
3.器に盛り、葉をのせる

精進ポイント

実のトロトロ、皮と葉のシャキシャキがひとつのお椀に。実と葉のつながり部分は何よりのご馳走です。南無〜。

ブロッコリー

淡いグリーンの美しい一皿

茎のグリル　実と豆乳のソース

茎はじっくりと火を通してホクホク感と甘さを引き出し、
実と豆乳の絶品ソースをからめていただきます。

材料(2人分)

ブロッコリーの茎80g
薄力粉…適量
オリーブオイル…大さじ½
ブロッコリーの実…80g
A 豆乳…¼カップ
A 塩…少々

作り方

1. ブロッコリーの茎は皮をむいて縦に切り、薄力粉をまぶす。
2. フライパンにオリーブオイルを中火で熱し、**1**を入れ軽く塩をふり、フタをして蒸し焼きにする。
3. ブロッコリーの実はゆでて、Aとともにミキサーに入れ、かくはんする。
4. 器に**3**と**2**を盛る。穂先を少しだけとっておいてあしらうときれいです。

精進ポイント

いつもはわき役のブロッコリーの茎が日の目を見られた料理です。誰もが主役になれます。

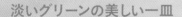

歯ざわりが残るくらいに炒めるのがコツ

茎のきんぴら

炒めたブロッコリーの茎は驚くほどおいしい。
みんなが大好きな甘辛い味で白いご飯が進みます。

材料(2人分)

ブロッコリーの茎…80g
ゴマ油…大さじ½
赤唐辛子…1本
砂糖…大さじ½
塩…ひとつまみ
いりゴマ(白)…適量
A 昆布だし…90mℓ
　濃口しょうゆ…大さじ1
　みりん…大さじ½

作り方

1.ブロッコリーの茎の皮をむき、薄切りにする。
2.フライパンにゴマ油を熱し、ヘタと種を除いた赤唐辛子を入れ弱火で炒め、香りが立ったら1を加える。砂糖と塩を加え、しんなりするまで炒める。
3.2にAを加え、水分がほぼなくなるまで中火で炒め煮する。
4.器に盛り、ゴマをかける。

精進ポイント

前作に引き続きのきんぴら。豪将・坂田金平から御利益をいただきます。ブロッコリーも強そうな名前ですよね。

しっかり酸っぱくて食べたとたんに気持ちがシャキッとします

ピクルス

昆布が要の和風ピクルス。
浅漬けでもしっかり漬けてもおいしいです。

材料(2人分)

ブロッコリー…1株
パプリカ(赤、黄)…各½個
だしがら昆布…適量
赤唐辛子…1本

【ピクルス液】

酢…½カップ
砂糖…大さじ3
薄口しょうゆ…大さじ2
水…¼カップ

作り方

1. ピクルス液の材料を鍋に入れ、ひと煮立ちさせて冷ます。
2. ブロッコリーは小房に切り、パプリカは細切りにして20秒ほどゆでて粗熱をとる。だしがら昆布は食べやすい大きさに切り、赤唐辛子はヘタと種を除く。
3. **1**に**2**を入れ、ひと晩漬ける。

精進ポイント

くたびれたような色がよく漬かっている証です。疲れたときにこそ人に優しくありたいものです。

キャベツ

たれは「人にやさしく、自分にもやさしく」やわらかい甘さに

焼きロールキャベツ

キャベツだけを巻いて作るロールキャベツ。
煮込まずに香ばしく焼くのでシャクシャクとした歯ざわりが魅力です。

材料(2人分)

キャベツ…6枚

A
- キャベツの茎(すりおろす)…1個分
- 砂糖…大さじ1
- 濃口しょうゆ…大さじ2
- みりん…大さじ2
- 水…大さじ2

作り方

1.キャベツは下ゆでして粗熱をとり、茎を切りとる。キャベツを広げた上に茎をのせ、ロールキャベツの要領でまく。

2.フライパンにゴマ油(分量外)を熱し、1を並べ強火で焼く。火を止めAを加える。

3.器に盛り、残ったたれをかける。

キャベツの茎をおろす新発想。ほのかな甘みがソースの味の決め手です。

精進ポイント

工夫をしながら余すことなく食すことが精進料理の心です。茎を中心にすえると簡単にまくことができます。

茎が主役のカラフルな一皿

キャベツの茎のカルパッチョ

酸味をきかせたパプリカ＆ピーマンのソースで、
ゆでた茎の甘さが引き立ちます。

材料(2人分)

キャベツの茎…¼個分
パプリカ(赤、黄)…各¼個
ピーマン…½個

A
- エクストラバージンオリーブオイル…大さじ1
- 酢…大さじ½（レモン汁でも可）
- 塩…少々
- 砂糖…小さじ½
- 黒コショウ…適量

作り方

1. キャベツの茎は食感が残るくらいにゆでて粗熱をとる。
2. パプリカ、ピーマンはみじん切りにしてボウルに入れ、Aを加えて混ぜる。
3. 1をそぎ切りにして器に盛り、2をかける。

精進ポイント

切り盛りとはちょうどよく切って調理し盛りつけすることが語源だそう。何事も適切に処置したいものです。それがむずかしい…。

シンプルだけど、じわじわおいしい

キャベツのホットサラダ

あらかじめキャベツをレンチンしてから熱々の昆布オイルと和えているので、シャキシャキに仕上がります。

材料(2人分)

キャベツ(小)…¼個
だしがら昆布…10cm
赤唐辛子…1本
ゴマ油…大さじ1
濃口しょうゆ…大さじ½
いりゴマ(白)…適量

作り方

1. キャベツは茎を切り取り、手でちぎる。茎はとっておく。
2. 1にさっと水をかけてボウルに入れ、ラップをふんわりとかけて電子レンジで2分加熱する。
3. だしがら昆布は1cm角に切り、赤唐辛子はヘタと種を除く。
4. フライパンにゴマ油を熱し、3を入れて強火で炒める。
5. 4に2を入れてさっとからめ、器に盛り、いりゴマをひねりながらかける。

精進ポイント

キャベツ、昆布、油の三味一体を味わいます。冷めてもおいしい、なんだかほっとする一品です。

大根

思わず笑みがこぼれる

大根のはさみ焼き

大根が皮、納豆が具の焼き餃子風。
焼き目がついた大根の香ばしさ、納豆のねっとり感はリピート必至です。

材料(2人分)

大根…200g
大根の葉…適量
片栗粉…適量
納豆…1パック
ゴマ油…大さじ1

作り方

1. 大根は皮をむき5㎜の輪切りにし、両面に片栗粉をまぶす。
2. 納豆は混ぜて付属のたれで味つけする。刻んだ皮と葉を混ぜる。
3. 1を2枚1組にして2をはさむ。
4. フライパンにゴマ油を熱し、3を並べ中火で蒸し焼きにする。
5. 器に盛り、酢じょうゆ(分量外)を添える。

両面に片栗粉をまぶし、余分な粉はしっかり落とすことがポイントです。手間を惜しまずのぞんでください。

精進ポイント

納豆は遣唐使で大陸に渡った僧侶によって伝えられ、寺で作られることもあったそう。精進料理には欠かせない食材です。

炊きたてご飯にたっぷりかけて

大根七味

大根の皮と葉はからいりして水分を飛ばすと、
うま味と香りが増します。
ご飯のほか、湯豆腐や麺類にもおすすめです。

材料（2人分）

大根の皮…50g
葉…50g
塩昆布…8g
いりゴマ(白)…5g
A　一味唐辛子…適量
　　山椒…適量
　　青のり…適量

作り方

1. 大根の皮と葉は細かく刻み、フライパンでごまと一緒にからいりする。塩昆布は細かく刻む。
2. 1にゴマとAを加えて混ぜる。

精進ポイント

結集することで大きな力を生み出します。いろんな組み合わせをお楽しみください。

スプーンであんごとすくって食べたい

大根の煮物

大根のうま味が溶け出した煮汁と、炒めた皮や葉を
「あん」でとじて大根をまるごといただきます。

材料（2人分）

大根…10cm
大根の葉…適量
A　昆布だし…¾カップ
　　薄口しょうゆ…小さじ1½
　　みりん…小さじ1½
ゴマ油…大さじ½
水溶き片栗粉…適量
カラシ…適量

作り方

1. 大根は皮をむき、食べやすい大きさに切る。皮は千切りにする。葉は刻む。
2. Aを鍋に入れてひと煮立ちさせ、大根を加えてやわらかくまるで弱火で煮る。
3. フライパンにゴマ油を熱し、皮と葉を入れて強火で炒め、2のだしを入れ煮立たせる。水溶き片栗粉でとろみをつける。
4. 器に大根を盛り、3をたっぷりかける。カラシを添える。

精進ポイント

あんかけにすることで、だしも余すことなくいただけます。お皿がきれいになると心もきれいになります。

だしがら昆布

南無ルと書きたくなるほどありがたい

だしがら昆布とエノキのナムル

だしがら昆布とエノキダケのシャクシャク食感が心地よく、青のりの磯の風味が全体をまとめます。

材料（2人分）

だしがら昆布…30cm（適量）
エノキダケ…½パック
青のり…適量
A
- おろしショウガ…少々
- 濃口しょうゆ…大さじ½
- 塩…少々

作り方

1. だしがら昆布は千切りにする。エノキは石づきを落とし、食べやすい大きさに切る。
2. フライパンにゴマ油を熱し、**1**を入れ強火で炒める。Aを入れて火を止め、青のりを加えて和える。

精進ポイント

はっきり意見を求められることは多いですが、白黒つけないことに救われることはたくさんあります。

だしがら昆布を香ばしく焼いて

焼き昆布巻き

だしがら昆布と青ジソをくるくると巻いて塩をふって焼くだけ。カリカリとねっちり、相反する食感がひと串に。

材料（2人分）

だしがら昆布…30cm（適量）
青ジソ…8枚
薄力粉…適量
ゴマ油…大さじ½
塩…少々

作り方

1. だしがら昆布は青ジソの大きさに合わせて切る。昆布に青ジソをのせてまき、串でとめる。薄力粉をふる。
2. フライパンにゴマ油を熱し、**1**を並べ塩をふり強火で焼く。仕上げにゴマ油大さじ½（分量外）をかけて焼き、カリッとさせる。

精進ポイント

だしをひいたあとの昆布で作るごちそうです。だしがら昆布は冷凍できますので、冷凍庫にこっそり貯めてみては。

冷蔵庫整理のたびに生まれるごちそう

寄せ酢飯

少しずつ残った野菜が冷蔵庫にたまってきたらこの料理の出番です。
毎回、具が変わるのも楽しみのひとつ。

材料(2人分)

だしがら昆布…15cm(適量)
ニンジン…15g
シイタケ…1個
油揚げ…½枚
ゴマ油…大さじ½
キヌサヤ…10枚
A 昆布だし…45mℓ
　砂糖…小さじ1
　みりん…大さじ1
　濃口しょうゆ…大さじ1
酢飯…茶碗2杯分

作り方

1.だしがら昆布、ニンジン、油揚げは千切り、シイタケのかさはひと口大に切り、軸は石づきを落とし薄切りにする。
2.フライパンにゴマ油を熱し、**1**を入れ炒める。Aを加え煮詰める。キヌサヤは筋を取ってゆで、半分は刻む。
3.酢飯に**2**を加えて混ぜる。器に盛り、残りのキヌサヤを半分に切ってのせる。

精進ポイント

残り物を寄せて作ることが、冷蔵庫と心の掃除の時間の始まりです。江戸時代の『本朝食鑑』には「どんなに高価な薬でも、米にはかなわない」とあります。

茶がら

上等なお茶が手に入ったときにおすすめ

茶がらのおにぎり

栄養満点の茶がらを捨てずにいただきます。
ご飯の甘みの中にほのかな渋みが広がってかむほどにおいしくなります。

材料(2人分)

茶がら…30g
ご飯…茶碗2杯分
A 砂糖…小さじ½
A 濃口しょうゆ…小さじ½
いりゴマ(白)…適量
たくあん…適量

作り方

1. 茶がらはAを入れてよくもむ。
2. ご飯に1、いりゴマを入れて混ぜ合わせ半分ずつにぎる。器に盛り、たくあんを添える。

精進ポイント

日常茶飯事とはありふれた平凡な様子を言いますが、そんなありふれた日々こそが幸せです。

ほんのりとした渋みを効かせた大人テイスト

茶漬け

しょうゆをたらした茶がらをお茶漬けの具にしました。
茶がらと梅干しをくずしながら、さらさらかきこみます。

材料(2人分)

茶がら…適量
濃口しょうゆ…少々
ご飯…茶碗2杯分
A
- 梅干し…1個
- あられ…適量
- いりゴマ(白)…適量

白湯…適量

作り方

1. ご飯に茶がらをのせてしょうゆをたらす。
2. Aをのせ、白湯をかける。

精進ポイント

茶がらを残すことに疑問を持ちました。改めて当たり前を考えることって大切ですね。

お茶の風味でビターな甘さ

茶がらとあんこのクレープ

クレープ生地は薄力粉に片栗粉を加えて、もちもちに仕上げます。
茶がらとあんこの割合は1:2がおすすめです。

材料(2人分)

【クレープ生地】
薄力粉…70g
片栗粉…30g
水…¾カップ

サラダ油…適量
茶がら…20g
あんこ…40g
きなこ、黒みつ…適量

作り方

1.ボウルにクレープ生地の材料を入れてよく混ぜる。
2.フライパンにサラダ油を熱し、1の半分の量をお玉で流し入れ広げて焼く。同様にもう1枚焼く。
3.茶がらとあんこを混ぜる。
4.器にクレープ1枚をのせ、3をのせ半分に折る。きなこをふり、黒みつをかける。

精進ポイント

ともに飲み合うことでほっと落ち着き、心を開くのがお茶の大きな功徳です。苦さと甘さの塩梅を楽しみます。

精進みそ

余り野菜やだしがら昆布を
食べきるための発明的レシピ

ディップ

みそに火を通してないので日持ちはしません。
でも心配ご無用。
おいしいのですぐ食べきってしまいます。

材料（2人分）

野菜の皮や葉、根など
…170g
ゆで汁…30mℓ
だしがら昆布…10cm
シイタケ…1個
みそ…150g

作り方

1.鍋に湯をわかし、野菜の皮やヘタやシイタケをゆで、粗熱をとる。ゆで汁は捨てずにとっておく。だしがら昆布は一口大に刻む。
2.ミキサーに1とゆで汁、みそを入れ、かくはんする。

精進ポイント

だしがら昆布やカブの皮、ニンジンの皮など何でも大丈夫です。みその懐の広さでおいしくまとめてくれます。

硬いアボカドもとろりとなる救済レシピ

焼きアボカド 精進みそのっけ

アボカドとみその相性は抜群。アルミホイルで蒸し焼きにしたあとにホイルを開いて焼くとみそが香ばしくなります。

材料(2人分)

精進みそ
（作り方は30ページ参照）
…大さじ2
アボカド…1個
ミニトマト…2個
オリーブオイル…少々

作り方

1.アボカドは半分に切り種をとる。ミニトマトはひと口大に切る。
2.アボカドのくぼみに精進みそを入れ、ミニトマトをのせる。
3.アルミホイルに1をのせオリーブオイルをかけ、塩をふる。
4.3をアルミホイルで包み、トースターで10分焼き、ホイルを開いてもう5分焼く。

精進ポイント

アボガドって買い物がむずしくないですか？　硬すぎたり、色が悪かったり。このレシピにはどんなアボガドでも大丈夫です。

余り野菜が新たな野菜の味をグレードアップ

精進みそドレッシング

精進みそに好きなオイルとお酢を加えるだけで完成。
どんな野菜もおいしくしてくれる万能ドレッシングです。

材料(2人分)

精進みそ
（作り方は30ページ参照）
…30g
A｜白ゴマ油…大さじ2
　｜酢…大さじ1
好みの葉野菜…適量
（今回は水菜とミツバ）
リンゴ…適量

作り方

1.ボウルに精進みそ、Aを入れてよく混ぜ、ドレッシングを作る。
2.葉野菜は食べやすい大きさに切り、リンゴは薄切りにする。
3.1に2を入れて和える。

精進ポイント

采配は「菜配」に通じます。栄養のバランスを考えおかずを配る（考える）ことが采配です。

精進みそのおかげで深みのある味に

精進キーマカレー

ひき肉代わりにお豆腐を使いますが、
お肉に負けないくらいおいしくて、びっくりです。
トマトとショウガは欠かせません。

材料(2人分)

精進みそ
（作り方は30ページ参照）…30g
木綿豆腐…200g
ゴマ油…大さじ½
トマト…1個
おろしショウガ…5g
カレー粉…大さじ1

作り方

1.フライパンにゴマ油を熱し、水切りした豆腐をくずしながら入れ、強火で焼く。しっかりと水分を飛ばし、バットにとり出す。トマトはみじん切りにする。

3.フライパンをさっと拭きゴマ油を熱し、カレー粉、トマト、おろしショウガを入れてカレー粉の粉っぽさをとるように炒める。**1**を加えて炒める。火を止めて精進みそを混ぜる。

精進ポイント

精進料理のカレーをずっと作ってみたいと思っていました。遥かなる天竺（インド）の功徳に合掌。

精進みそと赤唐辛子でピリ辛仕上げ

種ごとピーマンとナスの炒め物

味つけの精進みそは火を止めてから加え、
炒めたナスやピーマンにほどよくみその香りをまとわせます。

材料(2人分)

精進みそ
(作り方は30ページ参照)…50g
ピーマン…4個
ナス…1本
ゴマ油…大さじ1
ショウガ…1カケ
濃口しょうゆ…大さじ½
赤唐辛子…1本

作り方

1.ピーマンはワタと種ごと半分に切り、ヘタをとる。ナスはひと口大に切る。

2.フライパンにゴマ油を熱し、**1**を入れて中火で炒める。火が通ったらバットにとり出す。

3.フライパンをさっと拭き、ゴマ油大さじ1(分量外)を熱し、ヘタと種を除いた赤唐辛子を弱火で炒め香りを出す。火を止めて**2**を入れ、精進みそ、しょうゆを加えてなじませる。

精進ポイント

ピーマンの種は食べられます。ポリポリ食感が料理にリズムをくれます。春雨を加えて麻婆春雨もおすすめです。

冷たいみそ風味のだしでつるつるっと

豆乳汁そうめん

豆乳と昆布だしに精進みそを溶かしただけでコクのある味になります。
香味野菜はたっぷりのせるのがおすすめ。

材料（2人分）

精進みそ
（作り方は30ページ参照）…50g
A 昆布だし…1カップ
豆乳…1カップ
そうめん（表示通りゆでる）…2束
青ジソ…4枚
ミョウガ…1個
いりゴマ（白）…適量

作り方

1.ボウルに精進みそとAを入れてよく混ぜる。
2.そうめんは冷水でしめる。
3.青ジソとミョウガは千切りにする。
4.器に**2**、**1**を盛り、**3**をのせる。いりゴマをひねりながらかける。

精進ポイント

そうめんは小麦粉を練って寄り合わせた油であげた唐菓子「索餅」が起源。平安時代の書物に記されており、その歴史は麺類の中で随一です。

column

だしは出会いの味

だしの起源は、縄文時代までさかのぼるそうです。土器を生み出した人々が、固い木の実や肉、魚をやわらかく煮て食べるようになり、その過程で生まれた煮出し汁が食材をおいしくすることに気づいたのです。きっと目をキラキラ輝かせ、色んなものを試し、話題の中心になることも多かったことでしょう。

私は、定番の昆布だし、大豆だしと並んで野菜だし（カブやジャガイモなどの煮出し汁）を用います。また、そのだしに薄口しょうゆとみりんを加えて、季節の野菜を浸して食べるのも大変おすすめです。

今ではだしのひき方が確立されていますし、市販の粉末がおいしいので、馴染みのないものでだしをひこうと思い立つことはあまりありません。しかし精進料理は「物事を決めつけぬ心」がモットーです。是非色んなものを煮出した（ゆでた）後、味見をしてみてください。おいしくないこともあると思いますが、素晴らしい味わいが生まれるかもしれません。余すことなくいただきながら、新たな味わいを見つけることは料理の醍醐味です。だしは季節の恵みの出会いの味なのだから。

八方だし

材料（2人分）

お好みのだし…4カップ
薄口しょうゆ…½カップ
みりん…½カップ
だし昆布…1かけ
（15cm×5cm）

作り方

1. 上記を鍋に入れて、ひと煮立ちさせる。ただし、湧き上がる寸前に昆布は引き上げる。
急いで粗熱をとる。

第二章

毎日食べたい家庭料理の献立

むずかしく考える必要はありません。
滋味あふれる季節の野菜と向き合えば、 もうそれは精進料理です。
はじめての人でも簡単に作れる精進レシピをご紹介します。

ゴマ和え

ごまかすという言葉があるくらい
ゴマは何にでも合うので、ついつい頼りがち。
いつもありがとうございます！

ニンジンの皮は香ばしく焼いてトッピング

ニンジンと小松菜のゴマ和え

味つけは正統派ですが、ニンジンの皮の存在感が効いている進化系のゴマ和え。
歯ざわりの楽しさも魅力です。

材料（2人分）
ニンジン…100g
小松菜…4株
A 練りゴマ…20g
砂糖…小さじ2
塩…少々
酢…大さじ1
いりゴマ（白）…適量

作り方
1.ニンジンは皮をむき千切りにしてゆでる。小松菜はゆでて水気をしぼり、食べやすい長さに切る。
2.ニンジンの皮は食べやすい大きさに切る。
3.フライパンにゴマ油を熱し、ニンジンの皮を中火でこんがり焼き、塩をふる。
4.ボウルにAを入れてよく混ぜ、**1**を加えて和える。
5.器に**4**を盛り、**3**をのせる。いりゴマをひねりながらかける。

精進ポイント
捨ててしまいがちなニンジンの皮をこんがり焼いて添えるとボリュームと満足感がアップ。得をした気分です。

白黒のゴマの風味で食べる手が止まらない

フライドポテトのゴマ和え

揚げただけでもおいしいフライドポテトにひと手間。
白黒のひねりゴマで風味をつけます。

材料（2人分）
ジャガイモ…2個
揚げ油…適量
A 白ゴマ油…大さじ1
塩…少々
いりゴマ（白、黒）…適量

作り方
1.ジャガイモは皮つきのまま5㎜の薄切りにする。
2.170度の揚げ油で**1**を揚げる。
3.ボウルにAを入れて混ぜ、**1**を加えて和える。

精進ポイント
皮がおいしい。揚げたてもおいしい。冷めてシナシナになってもおいしい。いろんな面から良さを感じます。

じっくり焼いてトマトのうま味を凝縮

焼きトマトのゴマ酢かけ

おいしく作るコツはトマトを焼くときに動かさないこと。
酢を効かせたゴマだれをたっぷりかけます。

材料(2人分)
トマト…1個
ゴマ油…大さじ1
A
練りゴマ…20g
砂糖…小さじ2
濃口しょうゆ…大さじ2
酢…大さじ2
青ジソ…4枚

作り方
1.トマトは1cmの厚さに縦に切る。
2.フライパンにゴマ油を熱し、**1**を並べて塩をふり強火で焼く。動かさずしっかり焼き目をつける。
3.ボウルにAを入れて混ぜる。
4.器に**2**を盛り、**3**をかける。千切りにした青ジソをのせる。

精進ポイント
トマトは思いきって強火で動かさずに焼きます。手をかけることを我慢して、見守ることって大切ですよね。

ありそうでなかったような口福

ゴマとろろやっこ

ゴマ油でパンチを効かせた、とろろが新しい。
豆腐と一緒にゴマとろろをたっぷりすくってご堪能ください。

材料(2人分)
絹ごし豆腐…100g
長イモ…50g
A
ゴマ油…大さじ1
塩…少々
薄口しょうゆ…大さじ½
一味唐辛子…少々
いりゴマ(黒)…適量

作り方
1.長イモはすりおろし、Aを加える。
2.器に豆腐を盛り、**1**をかける。いりゴマをひねりながらかける。

精進ポイント
さっぱりと食べたいとろろにゴマ油。相性の良さに頬がゆるみます。

和え物

フレッシュな柑橘が香る和え物

焼きキノコの柑橘和え

キノコはからいりして水分を飛ばすと味がよくしみこみます。
柑橘はそのときの旬のものを使ってくださいね。

材料(2人分)

エノキダケ…適量
エリンギ…適量
シメジ…適量
マイタケ…適量
水菜…½パック
A ｜昆布だし…大さじ3
　｜塩…少々
　｜濃口しょうゆ…大さじ1
カボス…½個
いりゴマ(白)…適量

作り方

1.エノキダケ、エリンギは石づきを落とし食べやすい大きさに切る。シメジ、マイタケは石づきを落とし手でほぐす。
2.フライパンに1を入れ、からいりする。水菜はゆでて水気をしっかりしぼり、食べやすい大きさに切る。
3.ボウルにAを入れて混ぜ、2を加えて和える。
4.器に3を盛り、いりゴマをひねりながらかける。食べるときにカボスをしぼる。

精進ポイント

柑橘を絞る塩梅は人それぞれ。相手を思いやるがゆえの人任せです。

昆布だしと焼きのりで和風仕立てに

アスパラののりおろし和え

アスパラを三杯酢でいただきます。
焼きのりをあぶると香りが立ち、食欲をかきたててくれます。

材料(2人分)

アスパラ…4本
大根おろし…50g
A ｜薄口しょうゆ…大さじ1
　｜みりん…大さじ2
　｜酢…大さじ3
焼きのり(全形)…¼枚

作り方

1.アスパラは根元の硬い皮をむいてゆで、半分に切る。
2.器に1を盛り、煮切って冷ましたAをかける。
3.2に大根おろし、あぶってちぎったのりをのせる。

精進ポイント

大根おろしの辛味をやさしいお酢が和ませる、文字通りの和え物。何事にも調え和ませる役割は欠かせません。

さまざまな魔を滅す

豆(摩滅)おひたし

豆類は栄養が豊富。サヤを食べる豆から、
だしをとったあとの豆まで、いろんな
豆が集まると見た目も楽しいです。

材料(2人分)

スナップエンドウ…10個
インゲン…4本
だしがら大豆…適量
八方だし… 適量
(作り方は36ページ参照)
いりゴマ(黒)…適量

作り方

1.スナップエンドウはゆでて冷水にとる。インゲンはゆでて冷水にとり半分に切る。
2.保存容器に八方だしと**1**を入れ、1時間ほど冷やす。
3.器に盛り、いりゴマをひねりながらかける。

精進ポイント

「魔が差してしまった」と言いますが、魔が差す可能性を受け入れ、しっかりと消化することが大切ですね。完璧な人はいないのだから。

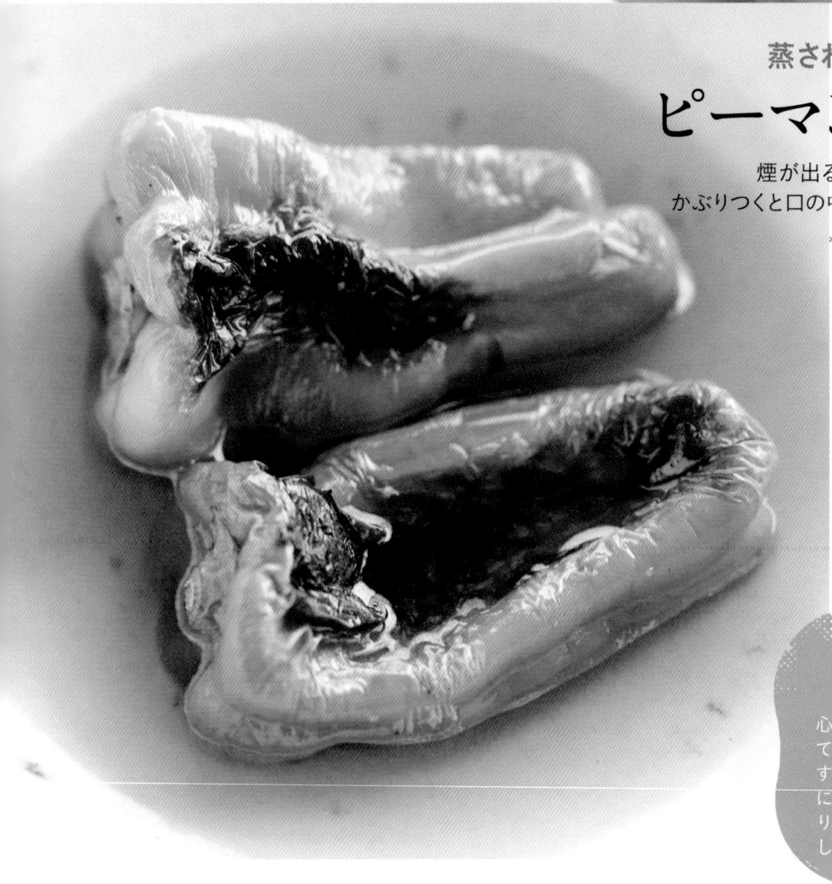

蒸されたワタと種がとろとろプチプチ

ピーマンの焼きびたし

煙が出るくらいの強火でピーマンを焼くのがコツ。
かぶりつくと口の中にジュワ〜と、だしがあふれ出てきます。

材料(2人分)

ピーマン…4個
白ゴマ油…大さじ½
八方だし…90㎖
(作り方は36ページ参照)

作り方

1.ピーマンはフライパンに油をひかず強火で焼く。
2.**1**に焼き色がついたら、白ゴマ油を加え、さらに焼く。
3.八方だしに**2**を入れ、ひと晩漬ける。

精進ポイント

心配せずに黒く焦がしてください。心を配りすぎることは時に重荷になってしまうこともあります。適度ってむずかしいですね。

野菜の皮や根も加えて土の香りを楽しむ

ホウレン草とゴボウとキノコのおひたし

ホウレン草は根っこも、ゴボウは皮ごと使うので八方だしに野菜の滋味がしみ出します。夏は冷やしてどうぞ。

材料（2人分）

ホウレン草…4株
ゴボウ…50g
シメジ…½パック
A｜八方だし…（作り方は36ページ参照）
　｜黄ユズ（皮、しぼり汁）…適量
揚げ油…適量

作り方

1.ホウレン草はゆでて冷水にとり、水気をしぼる。ゴボウは薄切りにして素揚げにする。キノコはフライパンでからいりする。
2.八方だしにユズのしぼり汁（適量）を加えてよく混ぜる。
3.2に1を入れ、ひと晩漬ける。和えたてもおいしい。
4.器に盛り、ユズの皮の千切りを散らす。

精進ポイント

法蓮草は有難い名前ですね。仏教的な由来はないそうですが、その凛々しい響きに少しだけ背筋が伸びます。

夏に食べたい懐かしい味

ナスのそうめんのおひたし

千切りにしたナスに片栗粉をつけてゆでると、
つるんとした食感になり、
そうめんのように食べられます。

材料（2人分）

ナス…1本
片栗粉…適量
オクラ…2本
八方だし…1カップ
（作り方は36ページ参照）
おろしショウガ…適量

作り方

1.ナスは長めの千切りにして片栗粉をまぶす。
2.鍋に湯をわかし、1を1分ほどゆで、ざるにあげる。水でしっかり冷やし、水気を切る。
3.オクラはガクをとる。ゆでて冷水にとり、輪切りにする。
4.器に2、3を盛り、八方だしを注ぎ、おろしショウガをのせる。

精進ポイント

やさしく扱わないとナスがまとった片栗粉のおいしいトロトロがとれてしまいます。相手を思いやることが大事。

長イモとミョウガのシャキシャキを楽しむ

フレッシュ田楽みその炒め物

みそにはほとんど熱を通さず、甘さもひかえめ。
名前の通りフレッシュで食べやすいイマドキの田楽です。

材料(2人分)

長イモ…80g
ミョウガ…2本
ゴマ油…大さじ½
A
　みそ…大さじ2
　砂糖…小さじ1
　みりん…大さじ1
　水…大さじ2
厚揚げ…1枚
コンニャク(下ゆでする)…½枚
ナス…1本
シシトウ…5本
ゴマ油…大さじ½
青ジソ…適量

作り方

1.長イモは皮をむき5㎜の角切りにし、ミョウガは刻む。
2.鍋にゴマ油を熱し、1を入れてさっと炒める。火を止め、Aを加えて混ぜる。
3.フライパンにゴマ油を熱し、食べやすい大きさに切った厚揚げ、コンニャク、ナス、シシトウを入れて焼く。
4.3にAをまわしかけ火を消し、余熱でAを温める。全体がなじんだら器に盛り、千切りにした青ジソをのせる。

精進ポイント

田楽は豊作を願う田遊びから発達したもので、土地や時代によってさまざまです。核家族化が進む中でも各家ならではの味付けはしっかりと残していきたいものです。

狐の鳴き声にちなんでコーン入り！

お狐サンド

静岡市新光明寺「瘡守稲荷例大祭」のために考案。
こんがり焼いた油揚げにコーンみそと野菜をはさみます。

材料（2人分）

コーンみそ
とうもろこし（正味）…50g
ゴマ油…小さじ1
A
- みそ…大さじ1½
- 砂糖…小さじ1
- みりん…大さじ1
- 水…大さじ2

油揚げ（油抜きする）…2枚
カイワレ大根…1パック
B
- 塩…少々
- 酢…大さじ½
- ゴマ油…大さじ1

レタス…適量

作り方

1.鍋にゴマ油を熱し、とうもろこしを入れて炒める。Aを加え混ぜ、とろりとするまで煮つめる。冷ましておく。
2.フライパンに油揚げを入れて、油をひかずにこんがり焼く。カイワレ大根は半分に切り、Bで味つけする。
3.油揚げの½の上にレタス、カイワレ大根、コーンみその順でのせ半分に折り、ワックスペーパーではさむ。

精進ポイント

お稲荷様は五穀豊穣の守り神としてわたしたちを見守ってくれています。古くからの伝統の温もりに癒されます。

だしがら昆布が入っておいしさ倍増

ジャガイモとだしがら昆布のガレット

あえて太さをそろえず、あえて塩も適当にふる。
カリカリ、フニャフニャ、しょっぱい、薄さを楽しみましょう。

材料(2人分)

ジャガイモ…2個
だしがら昆布…20cm
薄力粉…大さじ2
オリーブオイル…大さじ2
塩…少々

作り方

1.ジャガイモは皮ごと千切りにする。だしがら昆布も千切りにする。
2.ボウルに**1**と薄力粉を入れ混ぜ合わせる。
3.フライパンにオリーブオイルを熱し、**2**を広げて中火でじっくり両面を焼く。
4.器に盛り、塩をふる。

精進ポイント

食感や味の濃淡の違いを味わう一皿で、正解はひとつでないことを舌で感じます。

黒コショウは思いきって多めがグッド

レタス芯ごとステーキ

レタスを豪快に切って焼いて、焦がしじょうゆで味つけ。
加熱したレタスは生とは違ったおいしさがあります。

材料(2人分)

レタス…1玉
白ゴマ油…大さじ½
ショウガ(千切り)…1カケ
濃口しょうゆ…大さじ1½
黒コショウ…適量

作り方

1.レタスはバラバラにならないように芯を残して4つ割りに切る。
2.鍋に湯をわかし、1をさっとゆで、ざるにあげて水気を切る。
3.フライパンに白ゴマ油を熱し、ショウガを炒めて香りを出し、レタスを加え強火で焼き、しょうゆをまわしかける。
4.器に盛り、黒コショウを多めにかける。

精進ポイント

古い文献によると胡椒は風邪を治すとか。かのお釈迦様も体調不良のときは胡椒を積極的に召し上がったそう。

お椀

質素ながら、しみじみとおいしい

煎り昆布とパセリの吸い物

昆布とパセリだけで大丈夫？と思ってしまいますが、
ちゃんとおいしい。心静かに食べ物に感謝して味わいます。

材料(2人分)

乾燥昆布…2cm
パセリ…10g
オリーブオイル…小さじ1
水…2カップ
塩…少々

作り方

1. 昆布はハサミで細く切り、パセリは刻む。
2. 鍋に昆布を入れてからいりし、オリーブオイルと刻んだパセリを加えてさっと炒める。水を加え3分ほど中火で煮る。塩で味をととのえる。

精進ポイント

室町時代の記録では、昆布は炙ってから水に浸けています。磯臭さを消し香りを高めるためだそう。熱々がおいしいスープです。

大豆一家

豆乳みそ汁

精進料理にとって大豆は大切な存在です。
材料すべてが大豆でできたものを合わせて、とびきりの汁ものが完成。

材料(2人分)

大豆だし…1カップ
豆乳…1カップ
みそ…大さじ1
きなこ…適量

作り方

1. 鍋に大豆だしと豆乳を入れて中火にかけ、温める程度で火を止める。みそを加える。
2. 器に盛り、きなこをかける。

精進ポイント

白には清らかで人をはっとさせる力があります。真っ白な心でいただきます。

野山を駆け巡っていただくみそ汁

野草のみそ汁

ジャガイモは大地、水菜やミツバはその地に育つ野草をイメージして作りました。

材料(2人分)

ジャガイモ…½個
塩…少々
水…2カップ
みそ…大さじ1
水菜、ミツバ
(フレッシュな葉物何でも)…適量

作り方

1.ジャガイモは耐熱容器に重ならないように並べ、水大さじ2(分量外)を加える。塩をふりラップをかけて電子レンジで3分加熱する。
2.鍋に1と水を入れひと煮立ちさせ、みそを加える。
3.火を止めて水菜とミツバをひとつかみ入れる。

精進ポイント

変わりゆく日々ですが、野山の原風景を少しでも残せますように。変わることも大切、変わらないことも大切。

食べ物にありがとうを伝える一杯

雲片

雲片(うんぺん)とは、調理の際に残った野菜くずを細かく刻み、とろみをつけた伝統的な普茶料理です。

材料(2人分)

あまった野菜…400g
ゴマ油…大さじ½
塩…少々
昆布だし…2カップ
薄口しょうゆ…大さじ1
みりん…小さじ1
水溶き片栗粉…適量

作り方

1.野菜はすべて刻む。
2.鍋にゴマ油を熱し、1を入れ塩をふり炒める。昆布だしを加え野菜がやわらかくなるまで中火で煮る。
3.2に薄口しょうゆとみりんを入れて味をととのえ、水溶き片栗粉でゆるくとろみをつける。

精進ポイント

冷蔵庫のあまり物を細かく刻んでいただきます。ご自身ならではの組み合わせを見つけてみてはいかがですか。

香ばしく焦がしたしょうゆがたまらない

たくあんとシシトウのご飯

しょうゆは完全に水分がとんでパウダー状にしてから
ご飯に混ぜることがポイントです。焦げたと思ってから3秒我慢してください。

材料(2人分)

ご飯…茶碗2杯分
たくあん(市販品)…40g
シシトウ…6本
ゴマ油…大さじ½
塩…少々
濃口しょうゆ…大さじ1

作り方

1.たくあんは粗く刻む。シシトウは輪切りにする。
2.フライパンにゴマ油を熱し、1を強火で炒める。
3.炒めた具をフライパンの端に寄せる。火を止めてからしょうゆを入れて焦がし、具と絡ませる。
4.ご飯に3を混ぜる。

精進ポイント

美食を極めた徳川家光公に「空腹は最高のごちそう」と伝えた沢庵和尚に敬意を示したシンプルご飯です。

元気をつけたいときに

精進ウナギのどんぶり

代表的な、もどき料理。おいしく作るだけでなく、
見た目をいかに「かば焼き」に近づけるかも腕の見せどころ。

材料(2人分)

ご飯…茶碗2杯分
大和イモ…120g
ゴボウ…50g
木綿豆腐…120g
片栗粉…大さじ2
塩…少々
A 濃口しょうゆ…½カップ
A 砂糖…大さじ2
A みりん…½カップ
のり…全形1枚
揚げ油…適量
七味唐辛子…適量

作り方

1.大和イモとゴボウは皮ごとすりおろす。
2.ボウルに**1**と水きりした豆腐、片栗粉、塩を入れ、よく混ぜる。
3.鍋にAを入れて中火にかけ、ひと煮立ちさせる。
4.のりは6等分に切り、それぞれに**2**をのせ平らにのばす。170度の揚げ油でこんがりと揚げ、**3**をからめる。
※のりの面から揚げる。
5.ご飯を器に盛り、**4**をのせ、七味唐辛子をふる。

精進ポイント

もどき料理の華とも言えるウナギもどき。山イモは山ウナギと呼ばれて大変珍重され、山薬とされていました。

とうもろこしのひげの食感が新しい

とうもろこしご飯

今回のポイントは、ひげも一緒に炊くこと。
とうもろこしの甘いご飯とサクサクの歯ざわりにうれしくなります。

材料（2人分）

米…1合
とうもろこし…1本
A
- 水…¾カップ
- 薄口しょうゆ…大さじ1
- みりん…大さじ1

作り方

1. 米は洗って水（分量外）に15分浸し、ザルに上げて15分おく。
2. とうもろこしは芯にそって包丁で実をそぎとる。芯とひげも使う。
3. 土鍋に**1**、**2**、水、芯とひげを入れる。Aを入れて強火にかける。沸騰したら弱火で15分炊き、火を止め5分蒸らす。

精進ポイント

とうもろこしのヒゲは漢方薬では玉米鬚（ぎょくべいじゅ）と呼ばれ、体の余分な塩分を排出してくれます。

雑穀のいろんなプチプチが愉快

トマトの雑穀ご飯

最近の健康志向で、数種類がパックに入った雑穀が人気です。
トマトとオリーブオイルでちょっとイタリアン。

材料(2人分)

米…1合
ミニトマト…6個
雑穀…1袋(表示にある水も加える)
A　大豆だし…¾カップ
　　みりん…大さじ1
　　薄口しょうゆ…大さじ1
ショウガ…1カケ
エクストラバージンオリーブオイル
…大さじ½

作り方

1.米は洗って水(分量外)に15分浸し、ザルに上げて15分おく。
2.炊飯器に1、ヘタを除いたミニトマト、雑穀、Aを入れ炊く。
3.ショウガは刻み、オリーブオイルと和える。
4.2のトマトをくずしながら器に盛り、3をのせる。

精進ポイント

雑穀に含まれているキビと大豆だしと一緒に、ご自身の魔が差す心を払ってみてはいかがでしょうか。

だしいらずのシンプル水炊きご飯

マイタケとゴボウのご飯

意識しなくても毎日の食卓の中に精進料理はあります。
マイタケとゴボウのだしがご飯にしみ込みます。

材料(2人分)

米…1合
マイタケ…1パック
ゴボウ…10g
水…170mℓ
ゴマ油…大さじ1
A 濃口しょうゆ…大さじ1
　みりん…大さじ1

作り方

1.米は洗って水(分量外)に15分浸し、ザルに上げて15分おく。
2.マイタケは手でほぐし、ゴボウは皮ごとささがきにする。
3.フライパンにゴマ油を熱し、2を加えしんなりするまで炒める。Aをまわしかけ少しだけ煮つめる。
4.炊飯器に1と3を汁ごと入れ、水を加え炊く。

精進ポイント

般若心経にも説かれる一切苦厄(この世の苦しみ災難すべて)を忘れ、時に一切食う役になりたいですね。

塩味で大豆とパセリの風味がきわ立つ

パセリの豆ご飯

一見シンプルですが、ほおばると、大豆だしの香ばしさとパセリの香りが鼻から抜けて、箸が進みます。

材料(2人分)

米…1合
大豆だし…180mℓ
だしがら大豆…適量
パセリ…20g
白ゴマ油…大さじ½

作り方

1. 米は洗って水(分量外)に15分浸し、ザルに上げて15分おく。
2. 炊飯器に**1**、大豆だし、だしがら大豆を入れ炊く。
3. フライパンに白ゴマ油を熱し、茎ごと刻んだパセリを入れ塩をふり炒める。(少し濃い目に塩をふるとおいしい)
4. 炊きあがった**2**に**3**を混ぜる。

精進ポイント

生活の節目節目には植物の強い香りで邪気を払う風習があります。魔を滅す豆ご飯にパセリの香りを添えれば鬼に金棒。

辛さとシビレが刺激的な真っ赤な鍋

地獄鍋

ゴマ油で唐辛子、ショウガ、山椒を炒めた熱々の麻辣オイルをかけると、
一気に辛うまい鍋になります。

材料(2人分)

コンニャク…150g
厚揚げ…1パック
マイタケ…½パック
ゴボウ…10cm
トマトジュース…1カップ
昆布だし…1カップ
ゴマ油…大さじ1
濃口しょうゆ…大さじ2

【麻辣オイル】

ゴマ油…大さじ2
赤唐辛子…1本
ショウガ…10g
山椒…適量
黒コショウ…適量

作り方

1.コンニャクは手でちぎる。フライパンにゴマ油を熱し、コンニャクを入れ強火で炒める。
2.厚揚げは油抜きして食べやすい大きさに切る。マイタケは石づきを切り落とし手でほぐす。ゴボウは皮つきのまま、ささがきにする。
3.鍋にトマトジュースと昆布だしを入れ、1と2を加え中火で煮込む。
4.フライパンにゴマ油を熱し、ヘタを除き種ごと刻んだ赤唐辛子、千切りにしたショウガ、山椒、黒コショウを入れ香りが立つように炒める。
5.3に4を入れて混ぜ、強火でひと煮立ちさせる。

精進ポイント

地獄鍋は島田市大善寺「閻魔様の縁日」の名物として老若男女善人悪人すべてに親しまれています。嘘をつくと閻魔様に舌を抜かれると心の中にあることは有難いことです。

豆腐一丁まるごとの、大胆不敵な白い鍋

豆乳鍋

豆乳と昆布だしの温かいスープで豆腐をいただきます。
オリーブオイルと塩昆布の取り合わせでモダンな仕上がり。

材料(2人分)

絹ごし豆腐…1丁
豆乳…1カップ
昆布だし…1カップ
エクストラバージンオリーブオイル
…適量
塩昆布…適量
いりゴマ(白)…適量

作り方

1.豆腐を2分ほどゆでておく。(温めるためと水きりのため)
2.鍋に豆乳と昆布だしを入れて温め、湯切りした1を加える。オリーブオイルをかける。
3.刻んだ塩昆布、いりゴマを添える。

精進ポイント

豆乳は血圧を正常に保つ上で大変良い食材。精進料理では不足しがちなタンパク質を摂取できる貴重な存在です。

column

いただきますを噛みしめる

食事作法の中に「四恩に報いる」という言葉がでてきます。四恩とは父母、先生、国土、そして万物全てへの御恩です。いただきますには二つの関係があるのではないでしょうか。食べる側と食べられる側、そして、作る側と作られる側です。前者はもちろんですが、後者もとても大切しなければならないことです。自分ために料理を作ってくれている人がいれば、その人は限られた時間（命）を使ってくれています。仮に一食に四十分として三食で二時間です。一年にもなれば七百三十時間、つまり約三十日です。一年間のうち一月分の時間は自分のために料理をしてくれていることになります。当然、食事に限られたことではなく、自分自身も知らず知らずに誰かに尽くしています。全ての時間は相互で限られた命の時間を燃やし合い、お蔭様で成り立っています。

　いただきますは食材の命と作ってくれた人の命の時間をいただくことです。改めて、四恩に報わねば、と背筋が伸びます。

第三章

とっておきのごちそう献立

野菜がメインの献立はとかく質素と考えがちですが、そんなことはありません。腹持ちがよくて満足できるごちそうがたくさんあります。きっと家庭の食卓を華やかに彩ってくれます。

だしがら昆布がフレンチでも大活躍

ラタトゥイユ

ラタトゥイユは野菜ごとに炒めて合わせ、さっと煮るのが正式。
ていねいに作るからおいしくできあがります。

材料(2人分)

セロリ…½本
ナス…1本
ズッキーニ…½本
パプリカ(赤、黄)…各½個
マッシュルーム…4個
だしがら昆布…10cm
トマト水煮(缶詰)…1カップ
昆布だし…1カップ
塩…適量
A 砂糖…小さじ1
　薄口しょうゆ…大さじ1

作り方

1.セロリはさいの目に切り、それ以外の具材は食べやすい大きさに切る。
2.フライパンにオリーブオイル小さじ1(分量外)を熱し、1を種類ごとに塩をふりながら強火で炒める。
3.鍋に1、トマト水煮、昆布だしを入れ、Aを加え中火で煮詰める。

精進ポイント

たっぷりのだしがら昆布を入れて煮込みました。昆布は日本のハーブです。

トマトのやさしい酸味と塩昆布のアクセントが嬉しい

ズッキーニのカルパッチョ

見た目が色鮮やかな一皿！
生で食べるズッキーニのサクサク感もクセになります。

材料（2人分）

ズッキーニ…½本
塩…少々
トマト…½個
白ゴマ油…小さじ1
塩昆布…ひとつまみ

作り方

1.ズッキーニは2〜3㎜の輪切りにし、塩をふる。
2.ボウルにみじん切りにしたトマト、白ゴマ油を入れてよく混ぜる。
3.皿に1を並べ**2**をかける。細かく刻んだ塩昆布をのせる。

精進ポイント

料理は下ごしらえが大事。ズッキーニに塩をふる、塩昆布は細かく刻む。手を抜くとまったく違う味になります。

ありそうなでなかった渾身の新スタイル

ポテトサラダ

まずは皮ごとマッシュしたジャガイモを塩で味わい、
あとからドレッシングで味の変化をお楽しみください。

材料(2人分)

ジャガイモ…2個
インゲン…4本
塩…少々

【ドレッシング】

A
白ゴマ油…大さじ1
酢…大さじ½
塩…少々

作り方

1.ジャガイモは皮ごと4つに切ってやわらかくゆでる。ザルにあげて水気をとる。フライパンに入れ、ヘラで粗くつぶしながら、からいりして水分をとばす。塩をふり混ぜる。(粉吹きイモの状態)
2.インゲンはゆでて切り、**1**に入れてざっくりと混ぜる。
3.ドレッシングを作る。ボウルにAを入れしっかり混ぜて乳化させる。
4.器に**2**を盛り、ミルクピッチャーに**3**を入れて添える。

精進ポイント

あとがけのドレッシングで塩味、酸味、甘味の濃淡を楽しみます。変化する味は、まさに諸行無常の響きあり。

大胆に盛りつけた、ごちそうサラダ

豆苗とエリンギのホットサラダ

炒めたエリンギを酢じょうゆで味つけし、熱々の汁ごと豆苗へ。
酸っぱい香りで食欲のスイッチが入ります。

材料(2人分)

豆苗…1パック
エリンギ…2本
白ゴマ油…大さじ1
A 濃口しょうゆ…大さじ1
　酢…大さじ1
黒コショウ…適量

作り方

1. 豆苗は根を切り落とし、耐熱容器に入れる。水大さじ2(分量外)を加え、ラップをかけて電子レンジで2分加熱する。
2. エリンギは1cmの輪切りにする。フライパンに入れて素焼きして水分を飛ばす。白ゴマ油を入れてオイルをまとわせ、Aを加えて味をととのえる。
3. 器に**1**を盛り、**2**を汁ごとかける。黒コショウをふる。

精進ポイント

精進料理では干しシイタケをアワビに見立てるときがあります。エリンギは輪切りにすると見た目も食感もホタテのようです。

マイタケと青のりで作る、もどき料理の新星

カキフライもどき

マイタケは大きくさき、揚げるときもスプーンでざっくり入れる。
ととのえすぎないほうがカキらしくなります。

材料(2人分)

木綿豆腐…200g
大和イモ…200g
マイタケ…70g
片栗粉…大さじ2
青のり…大さじ2
揚げ油…適量
塩…適量

【つけ合わせ】

カボチャの皮…適量
塩…少々
オリーブオイル…大さじ½

レモン…¼個
塩…適量

作り方

1. 豆腐は水切りし、大和イモは皮ごとすりおろし、マイタケは手でほぐす。
2. つけ合わせを作る。カボチャの皮は千切りに、フライパンにオリーブオイルを熱し、塩をふって炒める。
3. ボウルに**1**、片栗粉、青のり、塩を入れて混ぜ合わせる。スプーンですくって、180度の揚げ油で揚げる。
4. 器に盛り、**2**とレモンと塩を添える。

さっくり混ぜていると塩の浸透圧でマイタケがくたっとしてきます。

精進ポイント

マイタケのひだひだが牡蠣のよう。伝統のもどき料理の再現も楽しいですが、新しく作ることにワクワクします。

夏はキンキンに冷やしていただく

ショウガとナスの揚げびたし

しっかりと酸味を効かせただしに浸せば失敗しらず。
薬味になりがちなショウガがごちそうです。

材料(2人分)

ショウガ…60ｇ
ナス…2本
カブ…1個
パプリカ…½個
ミョウガ…3本
揚げ油…適量

【浸し地】

昆布だし…1½カップ
酢…½カップ
濃口しょうゆ…¼カップ
みりん…¼カップ
砂糖…大さじ2

作り方

1.ショウガは薄切り、ナスは4つ割りに切り、カブとパプリカは食べやすい大きさに切る。
2.揚げ油を180度に熱し、1を素揚げする。
3.浸し地に1と千切りにしたミョウガを入れ、ひと晩漬ける。

精進ポイント

ショウガは百耶を祓う野菜。高僧義浄の『南海寄帰内法伝』に食事の最初にショウガと塩が配られるとあります。

しょうゆの下味が香ばしい、のり塩ポテト

長イモのから揚げ

長イモはすったり千切りにしたり変幻自在。
油で揚げるとホクホクになって子どもも大好きなおやつになります。

材料（2人分）

長イモ…300g
片栗粉…適量
A
しょうゆ…大さじ1
おろしショウガ…大さじ½
ゴマ油…小さじ1
揚げ油…適量
B
青のり…適量
塩…少々

作り方

1. 長イモは皮つきのまま乱切りにする。
2. ボウルにAを入れて混ぜ、1を入れて和え、下味をつける。
3. 2に片栗粉をまぶし、180度の揚げ油で揚げる。Bをまぶす。

精進ポイント

江戸時代に伝来した普茶料理では唐揚げをトウアゲとも読み、豆腐を揚げてしょうゆで煮たものを言ったそうです。今も昔も唐揚げは大人気ですね。

ポタージュ

ポタージュはかくはんしたスープをこして、口当たりを滑らかにします。
しかしこすことで、少なからず素材を取り除くことにもなります。
本書のポタージュは素材を余すことなくいただくためにその工程はいたしません。
口にあたる細かな食感もごちそうです。

旬のとうもろこしでぜひ作りたい

とうもろこしのポタージュ

とうもろこしの芯は、うま味の素。甘いだしが出るので芯ごと煮ます。
味つけは塩のみ。あとは何もいりません。

材料(2人分)

とうもろこし…1本
水…2½カップ
塩…少々

作り方

1.とうもろこしは芯にそって包丁で実をそぎとる。
2.鍋に**1**を芯ごと入れ、水、塩を加え弱火で15分ほど弱火で煮る。30分ほど冷ます。
3.**2**から芯をとり出し、ミキサーに入れて、かくはんし、塩で味をととのえる。

精進ポイント

とうもろこしのゆで汁を煮詰めるとおいしいスープに。一切無駄はありません。

ポタージュと呼んでよいのかは定かではありませんが、
侮るべからず

トマトジュースと大豆だしの冷製ポタージュ

トマトのうま味と大豆だしのうま味の相乗効果。
時間のないときにもパパッとできる手軽な冷たいスープです。

材料(2人分)

トマトジュース…1カップ
大豆だし…1カップ
塩…少々
エクストラバージンオリーブオイル
…適量
黒コショウ…適量

作り方

1.ボウルにトマトジュース、大豆だしを入れて混ぜ、塩で味をととのえる。
2.器に盛り、オリーブオイルをたらす。黒コショウをかける。

精進ポイント

最古の医学書『医心方』には「大豆は蒸したり煮たりし食べれば、栄養は米に勝る」と記述があります。暑い日のお客様に喜ばれること間違いありません。

2種類のイモを合わせて深い味に

イモの冷製ポタージュ

ジャガイモにサツマイモも加えるので甘さが増します。
揚げた2色の皮を飾ればレストラン風になります。

材料(2人分)

ジャガイモ…80g
サツマイモ…40g
水…½カップ
豆乳…1½カップ
オリーブオイル…小さじ2
塩…少々

作り方

1.ジャガイモとサツマイモは皮をむいて薄切りにする。皮はとっておく。
2.鍋にオリーブオイル小さじ1を熱し、**1**を入れて炒める。水を加えて弱火でやわらかく煮る。少し水分が残るぐらいで火を止め、粗熱をとる。
3.ミキサーに**2**と豆乳を入れ、かくはんする。
4.フライパンにオリーブオイル小さじ1を熱し、ジャガイモとサツマイモの皮をカリッと焼く。
5.器に**3**を盛り、**4**をのせる。

精進ポイント

裏ごしすると口当たりが良くなりますが、少なからず食材を除いてしまうので不要。一滴残らずいただきます。

またひとつ、野菜の可能性を発見

もやしのポタージュ

ひと口食べて材料を当てられる人は少ないかも。
野菜はもやしだけですが、濃厚なポタージュになっています。

材料(2人分)

もやし…1袋
白ゴマ油…小さじ1
大豆だし…2カップ
塩…少々
薄口しょうゆ…大さじ½
だしがら大豆…適量

作り方

1.鍋に白ゴマ油を熱し、もやしを入れ塩をふり炒める。粗熱をとる。
2.ミキサーに**1**と大豆だしを入れ、かくはんし、薄口しょうゆを加えて鍋でひと煮立ちさせ、塩で味をととのえる。
3.器に盛り、だしがら大豆をのせる。

精進ポイント

迷ったときは考えることを止めてみるのも大切。このポタージュもそんなふうにして思いついた自信作です。

精進ポイント

乾燥昆布をオイルで炒めて作る昆布オイルが味の決め手。じっくりと火を入れてください。片手間ではできません。

精進だしのうま味成分が大集合

昆布オイルとシイタケのスパゲッティ

精進料理のだしの定番、昆布とシイタケのパスタ。
加熱前にトマトに塩をふり味を凝縮させるのもポイントです。

材料(2人分)

乾燥昆布…3cm×2枚
塩…少々
湯…½カップ
オリーブオイル…大さじ2
ミニトマト…10個
パセリ…適量
シイタケ…4個
スパゲッティ
（表示どおりゆでる）…160g

作り方

1.ミニトマトは半分に切り、切った面に塩をふる。シイタケは石づきを落とし、食べやすい大きさに切る。軸は薄切りにする。パセリは刻む。
2.フライパンにオリーブオイル大さじ2を熱し、乾燥昆布を入れ弱火でオイルに昆布の香りを移し昆布オイルを作る。1を追加し炒める。湯を加え煮詰め、ゆで上がったスパゲッティを和える。
3.器に2を盛り、昆布ものせる。

やわらかくて甘くなったキャベツがソース

クタクタキャベツのパスタ

キャベツのパスタにはアンチョビが定番ですが、
ここでは刻んだマッシュルームと塩昆布でうま味を出します。

材料(2人分)

キャベツ…150g
マッシュルーム…3個
ゴマ油…大さじ2
スパゲッティのゆで汁…½カップ
スパゲッティ
(表示どおりゆでる)…160g
A 塩昆布…適量
青のり…適量

作り方

1. キャベツは千切りにし、マッシュルームは細かく刻む。
2. フライパンにゴマ油を熱し、**1**を入れ中火で炒める。キャベツがクタクタになったらゆで汁を入れて煮詰める。
3. **2**にスパゲッティを入れ和える。
4. 器に**3**を盛り、Aをのせる。

精進ポイント

クタクタのキャベツが疲れた体にうれしい。そんなときは麺を1分長くゆでやわらかくして消化よく仕上げます。

オクラの粘り入り、怒りん坊のパスタ

ジンジャーアラビアータ

赤唐辛子とショウガを入れて辛いトマトソースを作ります。
オクラは余熱で火を通すので食感が残ります。

材料(2人分)

- ナス…1本
- ショウガ…15g
- 赤唐辛子…1本
- オリーブオイル…大さじ2
- トマトの水煮(缶詰)…半缶(200g)
- スパゲッティのゆで汁…¼カップ
- オクラ…4本
- スパゲッティ
  (表示どおりゆでる)…160g

作り方

1. ナスはさいの目に切る。ショウガは薄切りにし、赤唐辛子はヘタを除き種ごと刻む。
2. フライパンにオリーブオイルを熱し、**1**を入れ中火で炒める。トマトの水煮、ゆで汁を加えて塩をふり、とろみが出るまで煮詰める。
3. オクラは輪切りにする。
4. **2**にスパゲッティ、オクラを入れて和える。

精進ポイント

怒りたいけど怒れない時ってありますよね。そんな時はとびきり辛いパスタを食べてストレス発散はいかがでしょうか?スパゲッティは乳化させることが何よりの決め手でなかなかむずかしいのですが、オクラの粘りで簡単にまとまります。

ナメコのとろみでソースがめんによくからむ

キノコとトマトの冷製カッペリーニ

精進イタリアンでおなじみのトマトとみその名コンビ。
キノコはお好みでいいのですが、ナメコだけは必須です。

材料(2人分)

お好みのキノコ…100g
　(今回はしめじ、ナメコ)
オリーブオイル…大さじ1
塩…少々
トマト…1個
パセリ…適量
みそ…大さじ1
カッペリーニ
　(表示どおりゆでる)…160g

作り方

1. フライパンにオリーブオイルを熱し、ナメコを入れて塩をふり中火で炒める。粗熱をとる。
2. トマトは細かく刻み、みそを加え、まな板の上でたたき、トマトソースを作る。みその塩分でトマトから水分がでてくるので、一滴残らずソースに加える。パセリは刻む。
3. ボウルに**1**と**2**、エクストラバージンオリーブオイル大さじ2(分量外)を入れてよく混ぜ合わせる。
4. カッペリーニは冷水でしめ、水気をしっかりとる。**3**に加えて和える。

精進ポイント

カッペリーニは「髪の毛」の意味。前作に引き続いての登場です。まだまだ執着があるのかもしれません。

鮮やかな黄金色は食卓に華を添えます

カボチャとキノコのリゾット

マッシュルームをじっくり炒めて、だしにします。
少しずつお湯を加え、カボチャとお米にうま味を吸わせます。

材料(2人分)

カボチャ(正味)…200g
マッシュルーム…4個
エノキダケ…1パック
オリーブオイル…大さじ2
米…1合
湯…2½カップ
みそ…大さじ½

作り方

1.カボチャはワタと種を除いて皮をむき、ひと口大に切る。耐熱容器に重ならないように並べ、水大さじ2を加える。ラップをかけて電子レンジで6分ほど加熱する。

2.マッシュルームは細かく刻む。フライパンにオリーブオイルを熱し、マッシュルームを加え塩をふり炒める。米を入れ、米が透明になるまで炒める。

3.**2**に湯を数回に分けて加え、**1**を加えて混ぜていく。米の芯がなくなるまで弱火で15分ほど煮る。

4.炊き上がる寸前にみそで味をととのえる。

※みそを入れてからは火を留め、あまり加熱しすぎない。

精進ポイント

リゾットはお米をさわりすぎないことが上手に作るポイントです。手をかけすぎず、信じることが一番です。

第四章

今日もお粥から朝が始まる

古いお経典の中にお粥には「十の功徳」があると記されています。肌ツヤがよくなる、力がみなぎる、寿命が延びる、食べやすい、胸のつかえがとれる、口の中がさわやかになる、風邪を予防する、腹を満たす、喉を潤す、消化が良い。こんな御利益のある料理は、ほかにないかもしれませんね。

基本にして最上を味わう

白粥

沸騰した湯に米を入れる湯炊き法で作った白粥は、
サラリとしながら米粒がふっくらつややかにできあがります。

材料(2人分)

米…1合
水…3 ½カップ
塩…少々

作り方

1.米は洗って水(分量外)に30分浸し、ザルに上げて15分おく。鍋に水を入れ強火にかけ、沸騰したら米と塩を入れる。
2.再び沸騰させ、ゴムベラなどで米を底からすくうように一度だけ混ぜる。表面が静かにふつふつと沸く程度の弱火で10分炊く。
※ゴムベラでさわりすぎると、米の表面に傷がつき仕上がりが悪くなるので注意。
3.フタをして5分蒸らす。

のせがゆ

お粥の白の上に梅干しの赤をひとさじ

梅びしお

梅びしおを少しずつ混ぜて食べます。白いお粥が
ほんのり赤くそまっていく様は、日本の朝の美しい風景です。

材料(2人分)

白粥(作り方は83ページ参照)
…茶碗2杯分
梅干し…2個
青ジソ…3枚
塩昆布…ひとつまみ

作り方

1. 種を除いた梅干し、青ジソ、塩昆布は合わせて細かく刻む。
2. 白粥を器に盛り、**1**をのせる。

精進ポイント

梅干しには七つの徳があります。毒消、防腐、除疫病、味不変、調息、治頭痛。粥の十徳と合わせて十七徳です。

これぞ精進料理のおもしろさ

納豆もどき

だしがら大豆とオクラを混ぜると粘りが出て
納豆のようになります。「納豆もどき」と名前を遊んでみました。

材料(2人分)

白粥(作り方は83ページ参照)
…茶碗2杯分
だしがら大豆…30g
オクラ…4本
A
だし…大さじ½
濃口しょうゆ…少々
カラシ…適量

作り方

1. オクラはゆでて粗く刻む。
2. ボウルに、**1**、だしがら大豆、Aを入れ、粘りが出るように混ぜる。
3. 白粥を器に盛り、**1**をのせカラシを添える。

精進ポイント

江戸時代「薬屋にまわす金は豆屋にまわせ」という言葉がありました。それだけ豆には豊富な栄養があります。

胃腸がすっきりする“おいしい薬”

葉入り大根おろし

大根は消化酵素を多く含み、すりおろすことで効果が上がります。
お粥と大根おろしの取り合わせは薬のよう。

材料(2人分)

白粥(作り方は83ページ参照)
…茶碗2杯分
大根…100g
大根の葉…適量
A しょうゆ…大さじ1
酢…大さじ1
七味唐辛子…適量

作り方

1.大根は皮をむいておろす。葉は細かく刻む。
2.ボウルに1を入れ、Aを加えてざっくり混ぜる。
3.白粥を器に盛り、2をのせる。七味唐辛子をふる。

精進ポイント

お酢のやさしい酸味が大根おろしの辛味を和らげてくれます。たっぷりの葉を混ぜ込んでザブザブいただきます。

豆腐と黒ゴマとお粥のおいしいモノクローム

温やっこ

炊きたての白粥に温めた豆腐をどんとのせる。
スプーンで豆腐を好きにくずしながらいただきます。

材料 (2人分)

白粥(作り方は83ページ参照)
…茶碗2杯分
木綿豆腐…100g
A いりゴマ(黒)…適量
塩…適量
白ゴマ油…適量

作り方

1.豆腐は湯で2分温めて半分に切る。
2.白粥を器に盛り、1をのせる。Aを混ぜてかけ、白ゴマ油をたらす。

精進ポイント

豆腐の水分含有量は90％近いそう。豆腐を食すことは水を食べることになり健康食の代表なのがうなずけます。

繊細な味を見つけながら静かにいただく

茶と里イモ

里イモの自然な甘さと茶がらのほのかな渋みが、
淡い塩味の白粥とほどよく調和します。

材料（2人分）

米…1合
里イモ…2個
水…3 ½カップ
塩…少々
茶がら…2つまみ
砂糖…少々

作り方

1. 米は洗って水（分量外）に30分浸し、ザルに上げて15分おく。
2. 里イモは皮をむき、ひと口大に切る。
3. 鍋に**2**と水を入れ強火にかけ、沸騰したら米と塩を加え、基本の白粥と同じように炊く。
4. 茶がらは砂糖、塩を入れて軽くもみ、炊き上がった**3**に混ぜる。

精進ポイント

日本茶の元祖は805年に伝教大師が唐から持ち帰った茶種と言われ、いまも比叡山麓の茶園で栽培されています。

美しい紫色の上品なお粥

黒豆粥

香ばしくいった黒豆をお粥に炊き込むと
香りのいい紫色のお粥になります。
塩とわさびで味を変えながらどうぞ。

材料（2人分）

米…1合
黒豆…20g
水…3 ½カップ
塩…少々
ワサビ…適量

作り方

1. 米は洗って水（分量外）に30分浸し、ザルに上げて15分おく。
2. 鍋に黒豆を入れ中火でしっかりと炒る。水を入れて強火にかけ、沸騰したら米と塩を加え、基本の白粥と同じように炊く。
3. 器に盛り、塩とワサビを添える。

精進ポイント

塩やワサビで変化を楽しむ。季節があることで自分は何もしなくても変化を感じられるのはありがたいことです。

皮はこんがり、実はシャキシャキ

ジャガイモのカレー粥

ジャガイモの皮を煮込むといいだしが出ます。カレー粉を炒めて香りを立たせ、ごちそう感のあるお粥にします。

材料(2人分)

米…1合
水…3 ½カップ
塩…少々
ジャガイモ…1個
ゴマ油…大さじ½
カレー粉…大さじ½
薄口しょうゆ…少々

作り方

1.米は洗って水(分量外)に30分浸し、ザルに上げて15分おく。
2.ジャガイモは皮をむき、実は千切りにする。
3.皮は食べやすい大きさに切って、鍋にゴマ油を熱し、塩をふってこんがり焼く。カレー粉を加えて炒め粉っぽさを飛ばす。※水大さじ1(分量外)を加えると粉っぽさをとりやすいです。
4.**3**に水を入れて強火にかけ、沸騰したら米を加え、基本の白粥と同じように炊く。薄口しょうゆで味をととのえる。
5.炊き始めから9分たったら、実の千切りを加えて蒸らし時間を含めて温め、器に盛る。

精進ポイント

皮はこんがり焼いて香ばしく、実は蒸らしてシャキシャキ。ジャガイモ1つとっても多様なことに気づきます。

夏に食べたい涼しい一杯

トマトとバジルの粥

イタリアンのおなじみ食材、トマトとバジルでお粥を作りました。トマトと昆布の相乗効果でうま味炸裂です。

材料(2人分)

米…1合
昆布だし…3カップ
塩…少々
トマト…1個
オリーブオイル…大さじ½
バジル…適量

作り方

1.米は洗って水(分量外)に30分浸し、ザルに上げて15分おく。
2.トマトは刻み、鍋にオリーブオイルを熱し、塩を多めにふって炒める。
3.**2**に昆布だしを入れて強火にかけ、沸騰したら**1**を加え、基本の白粥と同じように炊く。
4.蒸らす前にバジルの葉をちぎって入れ、フタをして3分蒸らす。

精進ポイント

古くから赤飯や還暦のちゃんちゃんこなど、赤は邪気を払う色とされます。香りが強いバジルと一緒で効果倍増。

桃つながりで桃の節句にいかが

桃粥

缶詰の桃をこんがりと焼いて、みそ味のお粥に炊き込みます。
奇想天外に見えてじわじわおいしくなるから不思議。

材料(2人分)

米…1合
昆布だし…3カップ
塩…少々
黄桃(缶詰)…3個
ミツバ…適量
オリーブオイル…大さじ1
みそ…小さじ1
エクストラバージン
　オリーブオイル…適量
黒コショウ…適量

作り方

1.米は洗って水(分量外)に30分浸し、ザルに上げて15分おく。
2.黄桃は食べやすい大きさに切る。フライパンにオリーブオイルを熱し、黄桃を入れ塩をふりこげ目がつくように焼き、ざく切りにしたミツバをいれてさっと炒め合わせる。
3.鍋に昆布だしを入れて強火にかけ、沸騰したら1と炒めた黄桃とみそを入れ、基本の白粥と同じように炊く。火を止め、炒めたミツバを入れて混ぜ、フタをして3分蒸らす。
4.器に盛り、エクストラバージンオリーブオイルをたらし、黒コショウをふる。

精進ポイント

桃は聖なる果物とされていて、鬼を祓います。そのご利益を念じていただきます。

カブの実、皮、葉、根のすべてを味わう

カブ粥

カブを余すことなく使ったお粥は精進料理の精神そのまま。
ぜひ「カブ地蔵」も作ってみてくださいね。

材料(2人分)

米…1合
水…3 ½カップ
塩…少々
カブ…2個
塩昆布…ひとつまみ

作り方

1.米は洗って水(分量外)に30分浸し、ザルに上げて15分おく。
2.カブは根元を残して葉を切り落とし、根も切り落とす。実は皮をむき、タテ半分に切る。葉の根元も半分に切る。皮は千切りにする。
3.カブの葉は刻み、塩昆布も細かく刻み、ボールで和える。
4.鍋に水と2を入れて強火にかける。沸騰したら1と塩を入れ、基本の白粥と同じように炊く。
5.器に盛り、3をのせる。カブ地蔵をかざる。

精進ポイント

カブ地蔵の作り方：カブを薄く切り、お顔をかわいらしく描き、塩と好みのオイルでお顔を磨いて艶やかにする。

精進料理について

動物性食品と五葷は禁止 その制限は世界一厳しい

生き物を殺めてはならない「不殺生戒」を守るため、肉、魚介、卵など一切の動物性たんぱく質は禁止されています。それを用いた鰹や煮干し、コンソメなどのだしも当然いただくことはできません。また、タマネギ、ニラなど、五葷と呼ばれる香りが強く精がつく野菜もタブーとされます。葷はナマグサモノの意味で、強い臭いがお堂の香りを妨げてしまい、説法に身が入りません。また、精がつきすぎても煩悩が生まれやすくなってしまうからです。とはいえ、動物性、植物性の食材の取捨に躍起になるのではなく、「いかにして食べるか」が肝心と言えるでしょう。

食事で悪を断じ善を修す

源流たるお釈迦様の食事には、托鉢によっていただいたものはその日中にすべて食べきるという厳格な決まり事がありました。蓄財をすることによって生じる所有欲を完全に断ち切るためです。現代の備えの観点からいうとなかなか真似できることではありませんが、その教えを活かすことはできるはずです。仏教では作善（善い行い）を尊びます。食事作法『斎食儀』では「一切の悪を断じ一切の善を修す」と誓います。食事の度に、善い行いをしますと誓っているわけです。継続は力とは言いますが、とてもむずかしいことです。毎日摂る食事をていねいにすることが、作善修行となるのであれば少しだけ肩の荷がおりるのではないでしょうか。

牛乳の是非

戒律『具足戒』によると「病気でもないのに美食を在家者に求めてはならない。求めずして得るは可」との規定があり、これを破れば波逸提という軽罪になります。（吉村昇洋師『精進料理考』参照）牛乳や乳製品の類は、この美食に該当すると言われていますが、歴史的に見ても牛乳が食卓に並んだのは平安時代までと明治維新以降で、その間の鎌倉から江戸の時代には姿を消していたので、精進料理の発展にはあまり寄与できなかったと言えるでしょう。牛を育てるならば、軍馬を育てようとする戦国の世の習いですね。現代の精進料理においての使用の是非は寺院によって異なるというのが実情と思います。本書には一切用いておりませんが、有名なスジャータの乳粥の逸話から、お釈迦様ですら、その栄養価に一目をおいていたことがうかがえます。

箸のおもてなしの心

各家ではそれぞれが決まった箸を使っている方が多いのではないでしょうか？

「はし」という言葉は彼と此の二つをつなぐ橋渡しの役目を持つ道具につけられました。

例えば、岸同士をつなぐ橋、天と地をつなげるはしご。そして箸は食べ物を口に運びます。

古くから日本人は直接口にふれるものに敏感で、そうしたものには魂が宿るとしました。「竹」でできた箸が神さまと人「（者）」とをつなぐ役目を果たすことから「箸」という漢字ができたそうです。

利休が大成した茶の湯でも、茶会の前に亭主が箸を削って客を迎える心得があります。白木は穢れがなく最高のぜいたくなのです。この清らかなおもてなしの心を持ち続けることが、素材の持ち味を敬うことにつながるのではないでしょうか。

おわりに

私は精進料理を食べに来てくれた人が、
「ああおいしかった」ではなく
「今日お寺に来てよかった」を目指しています。
精進料理は仏教を伝えるひとつの方法にすぎないと思うからです。
その日の満足度は、荘厳なお堂の香り、境内のそよぐ木々の音、
節々の対話に加え、行き帰りの道すがら含めてです。
日々の食事も同じで作ってくれた人とその来由の想いを
いただくものです。食事は当たり前なことではなく、
有り難いことと気づかせてくれることが精進料理の根本ではないでしょうか。

最後になりますが、続編という機会をいただき、
作業を共にして下さいました関係の方々に心より御礼申し上げます。
そして、日々接している家族やお檀家さんや地域の方々、
料理会や坐禅会の参加者の方々、お寺の諸先輩方や友人、
数え切れぬ多くのご縁に感謝し、謹んで御礼を申し上げます。

本書を通し、日々をより良く生きる智恵の結晶である仏教を、
身近に感じる一助となることを願います。

飯沼康祐

カテゴリ別索引

レシピの見方（掲載誌、ページ数）
掲載誌　①簡単お寺ご飯
②簡単お寺ご飯2

※ページ数は写真掲載ページです

使いきりレシピ

麺・パスタ

スープ・汁物

満足おかず

ご飯もの

お粥

Staff

レシピ考案・調理	飯沼康祐
撮影	minokamo（長尾明子）
スタイリング	ダンノマリコ
ライター	近藤京子
デザイン	澁谷明美
編集	石井聡（徳間書店）

簡単！ お寺ご飯 2

第1刷　2020年9月30日発行

著者	飯沼康祐
発行人	小宮英行
発行所	株式会社　徳間書店 〒141-8202 東京都品川区上大崎3-1-1 目黒セントラルスクエア
電　話	編集（03）5403-4332 販売（049）293-5521
振　替	00140-0-44392
印刷・製本	三晃印刷株式会社

本書の無断複写は著作権法上の例外を除き禁じられています。
購入者以外の第三者による本書の電子複製も一切認められません。
乱丁・落丁はお取り替えします。

©2020　Koyu Iinuma

Printed in Japan
ISBN978-4-19-865128-2